Peter Härtling
Anreden

Peter Härtling

Anreden

Gedichte aus den Jahren 1972–1977

Luchterhand

Lektorat: Thomas Scheuffelen
Umschlag von Kalle Giese
Ausstattung von Martin Faust

Gesamtherstellung bei der Druck- und Verlags-
Gesellschaft mbH, Darmstadt
ISBN 3-472-86449-4

Anreden

Einem befreundeten Maler

Was,
wenn sich Farben und Figuren
nicht mehr
ändern;
was, wenn der
tägliche Blick aus dem Fenster
sich leert;
was, wenn die
Landschaft schwindet
und der Mond,
die schwimmende Kugel,
deinen Himmel verläßt;
was,
wenn die Dinge
ihren Schatten schlucken
und das Licht
nicht mehr wärmt?
Weißt du die Bilder
danach?

An einen Freund

Der unverbrauchte Tag
will bitter werden –
nimm deine Gedanken
nicht zurück, doch
spare sie auf und
versuche zu reden
von leichteren Dingen,
vielleicht von der
Eiszeit, die unsere
Enkel erwartet und
von der Freundlichkeit weniger
unter Wölfen.
Dann laß uns
verständig
schweigen.

Erinnerung an eine Landschaft am Mittelmeer (Sanary-sur-mer)

Ersticken am Schweigen
anderer
in dieser Landschaft
mit zuviel Geschichte.
Sinnvoll wäre es
alles
zu vergessen,
Felsen wieder
zu schichten,
Bäume neu
zu erfinden,
Wege
zu löschen
und
jene Stimme
zu sein,
die zum ersten Mal
spricht.

An einen Emigranten (Walter Benjamin)

Der Frost sitzt dir
im Mantel,
sei es Sommer
oder Herbst.
Wartesäle treiben dir
die Erinnerungen
an Salons aus.
In den ausgebeulten Taschen
sammelst du Papiere
für Grenzübertritte, aber
die Grenzen wechseln
vor deiner Ankunft.
Wer mit dir spricht,
merkt, du bist schon woanders.
Nicht dort,
wo du sein wolltest.
»Ich kann mich nicht
verabreden«, klagst du,
»die Zeit verfügt über
mich.« Du sagst: »Die
Gegend, an die ich denke,
hat mich
aus dem Gedächtnis verloren.«
Du bist deinem Tod
auf den Fersen
und fragst dich seit
längerem nicht mehr,
wann du ihn einholst.
Denn welcher Wartesaal
ist dir teurer als
der andere? Welches
Leben billiger als deines?

An ein Haus in der Bretagne

So leicht
bewohnbar.
So heiter.
So erfahren
im Wind,
und die Sommerwärme
speichernd.
Aber
ich frage mich,
abends auf der Terrasse,
den Freunden lauschend,
die Spiele
der Kinder einsammelnd,
wer hat damals
die Fensterläden
geschlossen
und gewartet
auf die Mörder,
wer hat die
falsche Spur gelegt
für die Bluthunde,
wer hat das Gewehr
an die Wange genommen
in der Dämmerung
und gewartet?
Geht einer von denen
am Haus vorbei,
grüßt zu leise
und spart,
um des Hauses, des Abends
willen
das Vergangene aus?

An Mörike

Wenn gegen Abend
ins sparsame Licht
die Krähen einfallen
und
die Stimmen
in den Gasthäusern
lauter werden,
wenn die Mesner
angehalten sind,
den Abend
zu läuten,
wenn die alten Frauen
hinter
geschlossenen Vorhängen
ihre Verwünschungen
auszusprechen wagen,
wenn die Briefe
der Freunde
leergelesen sind
und Horaz nicht mehr
hilft,
säuft er sich
endlich
einen Rausch an
und es bekümmert ihn
nicht mehr,
daß er
seinen Zorn
nicht schreiben kann.

Schubert

Weil er zu vertraut war,
wird er nun fremd.

Seine Wanderer trafen
auf wenig Freundlichkeit,
immer verschlossen sich
die Häuser, die Nachbarn
waren aus Stein,
die Mädchen, deren Bild
er bewahrte, gehörten
andern, und
sein Winter endete
nicht.

Er wußte, die Erde
kühlt aus.

Auf ein Selbstbildnis von Carl Philipp Fohr

Carl Philipp Fohr (1795–1818). Bedeutender Landschaftsmaler und Zeichner der Romantik. Seit 1816 in Rom. Schloß sich dem Kreis der Nazarener an. Ertrank mit 23 Jahren im Tiber.

Wenn nichts mehr
von vorher ist,
nichts
als die Linie,
nichts
als der Gedanke
an ein
zarteres Licht,
nichts
als die aufgegebene
Sprache,
dann wird er
durch geschlossene Türen
gehn,
durch sommerwarme Mauern
in den Fluß.

An Stäudlin

Gotthold Friedrich Stäudlin (1758–1796). Advokat in Stuttgart. Freund Friedrich Hölderlins. Herausgeber von Almanachen und – als Nachfolger Schubarts – Redakteur der »Vaterländischen Chronik«. Leidenschaftlicher Anhänger der Französischen Revolution. Von Herzog Carl Eugen des Landes verwiesen. Ertränkte sich im Rhein.

Der Sommer ist
in den Winter aufgegangen –
was ist, Freund,
aus deiner Revolution
geworden?
Haben die Gesichter
sich geöffnet?
Neigt sich der Mensch
zum Menschen?
Gleich
unter seinesgleichen?

Ich bin unter den
Weinbergen gefahren,
in einem kühlen,
gefährlichen Licht.
Ich habe Stimmen gehört,
nicht die
von Friedfertigen.

Wir sind, Stäudlin,
nicht weitergekommen.
Deine Schritte sind
meine.

Deine Hoffnungen
habe ich
nicht eingeholt.
So erzähle ich
mir deine Geschichte
in Städten,
die deinen nicht mehr gleichen,
unsere Geschichte,
die so schwer aufbricht,
in diesem Sommer nicht
und nicht im kommenden.

Am Ende hat
der Herzog dich
aus dem Land gejagt.
Du bist eine Republik
suchen gegangen.

Lieber.

Sie holten dich
aus dem Wasser,
dem Winterwasser,
noch einen
in Unfrieden
und Frost.

Es war falsch,
Stäudlin,
wenn schon
sollten wir
ersticken
an unserm Zorn.

Hölderlin

»Doch kommt das,
was ich will,
wenn das Herz
der Erde
thuet sich auf«,
wenn,
wie du wußtest,
die Handlungen der
Menschen sich reinigen
in einem bessern
Gedächtnis, das
alle die reinen Bilder
aufnimmt, die wir,
ehe wir die Kindheit
verließen,
noch einmal
in einem wachen
Schlaf
vorausträumten
und vergaßen.
So verstand niemand
deine
kindliche Rückkehr,
damit komme,
was du wolltest.

Nürtingen, Marktstraße, Hölderlin und Bordeaux

Was ist das
für eine Stadt gewesen,
Bordeaux?
Nicht die dem Konsul
und
uns bekannte.
Ein Fieberherd,
eine Gedächtnislücke
oder der Beginn einer Fluchtspur.
Nun,
auf der Marktstraße,
wo die Stimmen vertrauter sind,
fallen die Bilder –
das sich verabschiedende
Gesicht im Fenster,
das verschneite Gebirg
und vielleicht doch Paris –
zurück
in einen einzigen Atemzug,
der ihm, dem allzu
Ungeduldigen,
ein restliches Leben erlaubt.

Dem Helffer
(für Nathanael Köstlin und Robert Minder)

Nathanael Köstlin (1744–1826), Diakon in Nürtingen, war der Hauslehrer des zwölfjährigen Hölderlin. »Seine Erscheinung flößte Ehrfurcht ein . . .« Hölderlin dankte ihm viel; sein erster Brief ist an Köstlin gerichtet, an seinen »teuersten Herrn Helffer«: »seien *Sie* mein Führer, mein Vater, mein Freund . . .«

Wie beginnt man
zu leben?
Wer redet den Weg
oder:
Was könntest du sein?
Welcher Satz
wird
zur Zeile und singt?
Viel später erst
weiß man es,
wenn Hoffnungen splittern,
wenn
Gefährten verloren gingen
und
die Zeit sich wehrt,
wenn man wieder
die Stimme hört,
den Anfang,
und die sonderbar unsichere
Antwort darauf, den
kindlichen Dank,
der sich wiederholt:
und
»erlauben Sie mir,

daß ich Ihnen von jedem
Umstand, der etwas
zu meinem Herzen beiträgt,
Nachricht geben darf« –
dann kehrt sich,
so begleitet,
das Vergangene um
und wird zum
Ziel.

Brief an Camille Desmoulins

Das Licht sammelt
sich vorm Fenster.
Weißt Du, schreibe ich Dir,
wie wenig der Mensch
schon von sich selber
weiß?
Ich hab Dich gesehn
vor den Wütenden,
den Ausgehungerten
und versuche
Deine Stimme nachzusprechen,
sehr leise,
damit Dich jeder verstehe:
Nicht heute, sagst Du,
aber morgen,
wenn unser Sinn
ausgebildet ist
für die Zärtlichkeit,
unser Verständnis
für das Recht.

Was für ein März!
schreibe ich Dir
(Deinen Schatten im Licht
verlierend),
und wie weit, wie
schrecklich
ist die Reise zu Deinem
Glück.

Heine

1
Diese gestochenen Metren,
die herb
werden durch Einbrüche
von Sarkasmus
und Hohn,
den jene fürchteten,
die sich eingerichtet hatten
in einer Wirklichkeit,
die er
bestritt.

2
Marx,
den er nicht ohne
Einwürfe schätzte,
hatte die Entfernung
nicht begreifen können,
der Hochmut, der ihn
sagen ließ,
diesen
Heine,
es sei ein Irrtum, man
könne sich nicht mit dem
gemeinen Volk gemein machen.
Denn man spreche dessen
Sprache nicht und dessen
Gestank sei unerträglich.
Also müsse man versuchen, es
zu bilden, aber –

3

Nachdem er
Weitling in einer
Hamburger Buchhandlung
getroffen hatte,
den Revolutionär,
den Schneider, der
schrieb Das Evangelium des armen Sünders,
berichtete er in den Geständnissen,
mokiert über den mangelnden Anstand
des Gesellen,
daß er sich lümmelte,
daß er die Knöchel sich
ständig rieb, ungeniert.
Befragt, weshalb er
sich derart benehme,
antwortete Weidling,
dort hätten ihn im
Kerker die Ketten gedrückt –
»Ja, ich gestehe,
ich wich
einige Schritte zurück,
als der Schneider solchermaßen
mit seiner widerwärtigen
Familiarität
von den Ketten sprach«,
denn es war,
was ihn bestürzte,
nicht mehr die Rede
von metaphorischen Ketten.
So wehrte er sich
gegen die Realitäten,
die er beschrieb.

4
Die Wirkungen – anders
als er sie erwartet hätte:
noch trivialer, erbärmlicher.
Ein Jud und
zu gescheit, gescheiter als
selbst ein Jud sein dürft.
Doch ein paar Lieder,
Musik für Intellektuelle
(mit Gefühl),
das Wintermärchen,
die Harzreise
und vieles aus der
Prosa, trockener denn je.

5
Sie sagen, er
habe sich fein gemacht
für eine Nachwelt, die
nicht mehr liest.
Was sie als Dünkel
verstehn, ist das genau
geschriebene Wissen,
seine melancholische
Erfahrung, daß
Rebellionen vergessen,
was geschrieben wurde.

6
Vorläufig zurückgewiesen
wegen Beleidigung
des Vaterlands.

Ein Intellektueller.
Ein Verräter.

Ein Französling.
Ein Weiberheld.
Ein Kommunist.
Ein Journalist.
Ein Jud obendrein.

Und welche Wahrheiten
sind gut
fürs Vaterland?

Einige Fragen – an wen?

Wie lange atme ich noch
und wohin führt mich
mein letzter Schritt?
Wann stürze ich
aus dem Raum
(dieser Fülle,
in der ich mich ausbreitete
und allzu selten fragte)
in die Fläche,
die niemandes Erinnerung
aufnimmt?
Wo und auf wem
endet mein Blick,
der zurück lassen wird,
was er sah,
so leicht
oder so schwer,
ich weiß es nicht –
auch die zuletzt
gehörte Stimme –
werde ich sie brauchen
können?
Was nehme ich denn mit
und
was hinterlasse ich?
Werde ich wissen,
daß es die Grenze ist
oder werde ich einfach aufgehn
in diese Tonlosigkeit,
die ich ahne,
vor der ich mich fürchte?

Wann
verliert ihr mich
dann
aus dem Gedächtnis
und was bedeutet:
verloren?

An den Ginkgo vor der Tür

Wenn ich hinaus geh
vor die Tür,
geh
und den seltenen Baum –
daß ich Eins und
doppelt bin –
den ich vor Jahren
gepflanzt habe,
betrachte,
den Ginkgo
(bei Sabine L. las ich,
er werde New York überdauern,
diese Stadt),
dann frage ich mich
oder frage ihn:
Baum,
warum wächst du nicht?
Baum,
warum hältst du
den Frühling hinaus?
Baum,
warum überläßt du
den Sommer andern?
Baum,
warum überwinterst
du
leichter als ich
und nimmst mein
Gedicht vorweg.
Du bist schlau,
Baum.

An ein Taubenpaar

Wir haben zwei Tauben
im Garten,
ein Taubenpärchen,
seit gestern
kommt es,
wilde Tauben;
nachts, wenn ich nicht schlafen kann,
höre ich Flügel, Stimmen,
sie rufen sich,
rufen,
und ihre Liebe
läßt mich wach sein
ohne Unmut.

Der Strauch, der keinen Namen hat

Der Strauch,
den ich
vor sechs Jahren setzte,
dessen Namen
ich nicht weiß,
den ich vor drei Jahren
umpflanzte,
weil er
nicht gedieh,
der Strauch
trägt im April
dicke rote Blüten,
nur wenige Tage,
und überrascht mich
jedes Mal,
weil er,
namenlos,
meiner Vorstellung
nicht entspricht.

Für M.

Nicht der Tod,
den ich vorausplane
wie einen Steuerbescheid
betreffs der schätzbaren
Kosten
einer Hinterlassenschaft,
die auch mein Leben war:
ein Anker,
der sein Schiff vergessen hat.
Dies ist
mein täglicher Tod.
Nicht dieser,
aber die, die sich
zögernd ausbreitet,
die wuchernde, die
verschwiegene Angst.
Komm, und schlaf mich leer.

Eine Art von Frieden

Ich kann
den Frieden beschreiben:
die einäugige Frau
in meinem Traum –
die Welt riecht
für eine Nachtspanne
nach ihrer Haut.
Es wird hell
hinter meinem Blick
wenn sie geht.

Für Fabian

Wenn du es willst,
lasse ich es für dich
schneien, mein Sohn,
nur kann ich die Toten
nicht wegdenken
unterm Schnee.
Es ist Schnee
aus meiner Zeit:
da gab es noch viel,
da dauerten die Winter
einen Winter lang,
da wurden Schlittschuh
gebraucht, die Rodel
liefen nicht nur im Januar.
Deine Winter sind
keine Winter, mein Sohn.
Ich lasse es schneien,
meinen ausdauernden Schnee
für meine Toten. Doch
welchen Schnee für deine?

Zwei Versuche, mit meinen Kindern zu reden

I

Ich wollte dir erzählen,
mein Sohn,
im Zorn
über deine scheinbare
Gleichgültigkeit,
über die eingeredete
Fremde
zwischen uns,
wollte ich dir erzählen,
zum Beispiel,
von meinem Krieg,
von meinem Hunger,
von meiner Armut,
wie ich geschunden wurde,
wie ich nicht weiterwußte,
wollte dir
deine Unkenntnis
vorwerfen,
deinen Frieden,
deine Sattheit,
deinen Wohlstand,
die auch
die meinen sind,
und während ich schon
redete,
dich mit Erinnerungen
prügelte,
begriff ich, daß
ich dir nichts beibrächte
als Haß und Angst,
Neid und Enge,

Feigheit und Mord.
Meine Erinnerung ist
nicht die deine.
Wie soll ich
dir das Unverständliche erklären?
So reden wir
über Dinge,
die wir kennen.

Nur wünsche ich
insgeheim,
Sohn, daß du, Sohn,
deinem Sohn
deine Erinnerung
nicht verschweigen mußt,
daß du
einfach sagen kannst:
Mach es so
wie ich,
versuche
zu kämpfen,
zu leben,
zu lieben
wie ich,
Sohn.

II
Ich wollte dir erzählen,
meine Tochter,
von meiner ersten
Liebe,
von dem Schrecken
einer
fremden Haut,
von trockenen

suchenden
allmählich
feucht werdenden
Lippen,
vom Atem,
der einem
ausgeht,
von Wörtern,
die Luftwurzeln haben,
von der Sehnsucht,
für einen Augenblick
so zusammen
in der Mitte der Erde,
der Kugel Erde,
ruhen zu können,
der Kern,
um den alles
sich dreht.

Und am Ende,
Tochter,
roch ich unsern Schweiß,
die Mühe unserer
Liebe,
wie den von Fremden
und wußte,
daß Glück
so fremd riecht.
Du sollst es auch wissen,
Tochter.

An meine Stadt

Immer wieder,
als Kind schon,
träumte ich,
träume ich
von einer Stadt:
hoch auf einem Tafelberg
und unter einem
strudelnden Licht –
nicht mehr von einer Sonne,
auch von einem Mond
nicht;
diese Stadt, in der,
nach dem Verlust der Schatten,
die Geschichte des
Menschen handelt, in
einer einzigen
überschaubaren Szenerie,
in einer einzigen sich
von Leibern lösenden Stimme,
vom Anfang bis zur Dauer:
regellose Wirklichkeit
eines erreichten Glücks, in
dem die Bewegung sich
nicht mehr braucht,
die Ruhe aufgehoben ist in
einer sichtbar
gewordenen Zärtlichkeit:
das körperliche Licht
erfahrener Zukunft.

An meine andere Stimme

Ich wollte,
mein Gedicht könnte
singen.
Denn ich höre
eine Stimme,
immer wieder
eine Stimme
hinter den Wörtern,
nach denen ich
suche,
die nach mir
suchen,
Wörter, die
nichts mehr wiegen,
leicht sind,
leichter geworden sind
von der Suche
nach einer Stimme,
ihrer Stimme, die
das Schweigen
bricht,
endlich bricht.

An den nächsten Abend

Meine Haut wird enger.
Die Jahre haben sie gespannt.
Es kann sein, meine
Stimme wird leiser.
Ich bündle das Gelächter
von gestern, das schöne
Selbstvergessen und
verschenke dies alles:
die fremden Stimmen, die
mir vertraut wurden; alle
jene verwegenen Sätze
der Hoffnung; Gesichter
die ich auswendig kann –
und diese Bescheinigungen,
die den Tag haltbar machen sollen:
Dies alles verschenke ich
für die Freundlichkeit an
Abenden, für das geübte
Schweigen, für die ungesprochenen
Sätze und für die Gunst,
aufzubrechen ohne Verabredung
für den Morgen.

Der alte Friedhof in Nürtingen

Vor einunddreißig Jahren stand
da noch ein alter Fliederbaum.

Als Kind bin ich die Wege oft
gegangen, lernte die Toten beim Namen
und
dachte mir Geschichten
für ihr Leben aus.

Dann zog ich fort.
Der Fliederbaum verschwand.
Der Friedhof werde,
heißt es,
nun planiert.

Da ruhn die Toten schon
zu lang;
so viele Jahre,
meinen die Planeure,
hält die Trauer
nicht.

Selbstporträt '72

Jetzt,
wenn ich mein Gesicht
im Spiegel sehe
und nachdenke
über das Alter der Haut, der
Augen und wann das
aufzuhören anfängt:
nicht mehr der, von
dem ich weiß, er wollte
hindurchgehn und nichts
hinterlassen als seine Masken:
Sätze und Figuren,
einige Wörter, die
ihm nachreden, ohne
Spott, aber lachend,
und die neue Wut,
jetzt,
wenn ich
ihn ansehe,
lerne ich sein Alter und
die gewohnte Verzweiflung, die
die Haut nicht spannt.

Selbstporträt '77

Wenn ich wieder
schreibe, dann
über die Bruchstücke,
von denen wir
annehmen, sie seien
alles.
Mein Gedächtnis
erinnert Sätze,
die erst Erinnerung
haben werden.
Wenn überhaupt.

Es ist möglich,
daß ich mich
von mir trenne
und das Glück
haben werde,
meinen Schatten
zu finden:
so wenig mehr
von mir
wie der Atem,
der aufgeht
in der Luft,
wie der Schritt
im Wasser.
Wenn überhaupt.

Für die Kaschnitz

Kommen Sie,
sagte ich,
kommen Sie in unsern Garten.
Es ließe sich
reden
über Kinderspiele, den
kleinen japanischen Ahorn
oder Mariannes Baum, den Ginkgo.

Sie sagte:
Holen Sie mich.
Es ist nicht wichtig,
viel zu reden,
aber in der Sonne
sitzen, den
Kindern zusehn
beim Spiel – das
haben Sie immer,
sagte sie.

Nie ist sie
in meinem Garten
gewesen.
Sprachen wir von ihm,
war es der ihre: sie
pflanzte den kleinen
japanischen Ahorn,
entließ den Ginkgo
aus seinem Gedicht,
erfand die Spiele
der Kinder.

Sie sagte: Noch immer
habe ich Ihren Garten
nicht gesehn,
doch
ich erinnere mich an ihn.

Für Christa Reinig

Wir haben Briefe gewechselt,
vor Jahren,
keine für Tauben,
eher Krähenpost.
Dem Bomme
nicht zuliebe und
auch nicht
Hantipanti, der
beweglichen Papierseele.

Doch die wortlosen
Botschaften, die ich
nun ausschicke,
ihren Sätzen folgend,
listigen Geländern,
erreichen sie als
Kleckse,
in denen ihre
Buchstaben
baden sollen,
die leisen und
die lauten,
die lieben und
die laxen –
Tintenteiche,
an deren Ufern
Gedanken sitzen,
nicht meine –
ihre.

Für Rudolf Hirsch

Ihn,
mit dem geneigten Kopf,
den Zuhörer,
vergesse ich nicht.

Seine Aufmerksamkeit
schließt mich ein:
daß ich
in diesen wortlosen
Tagen
die Stimmen
höre,
die er liebt.

Ich bin
mit seinem Gedächtnis
vertraut
und rufe mir
die Gestalten,
die er,
ein Eifersüchtiger,
hütet.

»Ist Zeit und Ewigkeit
in einem sel'gen
Augenblick«:
der frühreife
Bub
auf der alten Fotografie
und
die sich verschließende
Schrift

des alternden Mannes –
nur er
kann diese Schrift
entziffern,
dieses Gesicht.

Aber weil es
diese Augenblicke gibt,
in denen Träume
sich teilen
und die Erinnerung des einen
die des andern ist:
in der Stimme
des gehüteten
Dritten,
höre ich
seinem Zuhören
zu
und treffe ihn wieder
in meinen Selbstgesprächen.

Für Szondi

Sie sagen, ich spiele,
sie sagen nicht, womit und wie,
sie wissen nicht, ich bin schwer,
der Bestand an Trauer
nimmt zu,
und was ich mache, hält mich nicht mehr aus.
Ich rufe die Kinder,
gehe im Garten auf und ab
und verliere den Tag,
diesen Tag,
aus dem Gedächtnis.
Mit Szondi aß ich
am vierundzwanzigsten April
im Schweizerhof.
Jandl war dabei.
Ich weiß nicht
mehr, worüber
wir redeten.
Ich seh ihn,
die Schultern nach vorn
und fast schon
ohne Erinnerung.
Seine Stimme
kann ich
nicht hören.
Wie lange gelten die Spielregeln,
wenn einer sie kennt;
die Entfernung wächst
und die Unlust, den andern zu überreden.
Ich rufe nach den Kindern,
sie hören mich nicht,
sie spielen.

Karl Krolow

Immer,
wenn ich ihn treffe,
redet er sich rasch aus
dem Blick.
Er setzt seine Ängste
auf Wörter
und sucht
im Schatten längerer Sätze
Zärtlichkeit.
Uns verbindet
ein sprechendes
Gedächtnis.
Solange die Träume
nicht sprachlos sind
können wir
leben.

Franz Tumler

Wenn er,
abends in der Akademie,
vom frühen Morgen
erzählte,
von der erwachenden Stadt,
den Lastwagenkolonnen
an
den
Grenzübergängen,
dachte ich ihn
mir
als Wanderer
im Gebirge.

Ich hätte ihn
weiter
ausfragen können,
aber ich kann
ihn
lesen.
Ich hätte ihm
sagen können:
Berge schüchtern
mich ein,
aber ich traute
seiner sprechenden
Sanftmut.

Ich weiß,
er hört
Stimmen,
er wohnt in

einer Geschichte,
die sich um ihn
ausbreitet:
jene Vergangenheiten,
die plötzlich,
morgen,
anfangen
wirklich zu sein
und uns erschrecken –
ihn nicht
den Zarteren von uns,
der auf sie
zu
geht,
vom Schweigen redend.

Erinnerung an ein Zimmer

Die Interieurs
übriggebliebener Versprechen,
in denen
meine Erinnerung ein
und aus geht:
Ein enges, von
leichtfertigen Sätzen
bewohntes Zimmer.
Der Blick aus
dem Fenster –
eine kleine Lokomotive
zieht mit Tendern
eine Linie
über den Steinbruchrand.
Eine blaulackierte
Tür öffnet sich:
Ich trete ein in
Geschichten, in denen
ich mich auskenne, und
die ich, damit du mir
glaubst, umschreibe.

Ein Mädchen in S.

Zart will ich sein,
denn kein Gedicht
hält sich gerne länger auf
in Sindelfingen.
Komm! wir
verlassen den frühen
Morgen
und stehlen uns
zurück in die Nacht.
Dort haben wir
einige Sätze liegen lassen,
die uns
wärmen.
Wovon sprichst du?
Wovon ich?
Wir reden uns
den Tag aus,
der uns nicht
brauchen kann.
Zart will ich sein.

Ein Mädchen in M.

Sie sagte:
Aber nach der Revolution!
und hatte die Zeit überholt,
deren Bilder ich hortete,
viele Reste
und die Seufzer
derer,
die längst aufgegeben haben,
satt
in der Zusage.
Aber sie sagte:
Nach der Revolution!
und wir sammelten
unsere Schritte
in der leeren Straße
auf,
warteten,
daß geschehen würde,
was geschehen war.
Komm! sagte sie,
dieser Morgen ist
ein wenig besser
als der von gestern.
Geh! sagte sie,
es lohnt sich
vielleicht.

Anrede

Du, es ist alles
vorbei und nichts ist
vorüber, es bleibt
dieser Moment: wir
erinnern uns, wir
tauschen, was wir
gewesen sind, wissen
wie es war. Ich
bin älter als deine
Liebe, wir haben
uns überdauert,
was nicht mehr
bedeutet als der Blick,
mit dem wir uns
wiedererkennen und
voneinander abwenden.
Liebste. Jetzt gehst
du. Und ich?

Bogie

Diese paar Platitüden
in Casablanca –
es fragt sich,
ob Geschichten so enden.
Als ob
Whisky Bodensatz hätte.
Wie anders aber
ist das Schwierige
einfach
und die Trauer
sichtbar?
Oder jetzt:
wenn ich wieder
diese Sätze
nachzusprechen versuche,
die er wegwarf
wie blutige Verbände.
Die Marseillaise
ist da fast schon
zuviel,
nicht wahr, Bogie?

Jayne Mansfield

Was sehen die
Puppen,
wenn sie die Augen
aufschlagen?
Wer hat ihnen
Welt erzählt?
Wer hat dir je
gesagt:
du könntest
eine Seele haben,
Darling?

Marilyn Monroe

Von wegen Liebe,
und wieviele auch
genannt werden,
die dich gebraucht
haben: Stars
und Staatsmänner,
Gäste in der Dämmerung.
Von wegen Liebe.

Nicht einmal Miller
hat dir sagen können,
wonach du fragtest,
auf dem Weg zwischen
Studio und Swimmingpool:
Was ist Liebe?
Von Puder gefärbt
sind die Abende,
der Halbmond ein
Lippenstiftabdruck
und deine Gegenwart
die Erfindung
eines Producers.

Von wegen Liebe:
Reich, Baby, ist
dieses Land,
das deine Armut ausstellte,
dich verkommen ließ,
als dein Fleisch mürb wurde,
deine Träume vorlaut,
deine Ängste wahr.

Von wegen Liebe:
Als du nur einen suchtest,
den Hörer abnahmst,
wähltest, wen wähltest?
schwiegen sie,
schwieg er,
weil du leben wolltest, Marylin, zu spät.

Anita Ekberg

Vielleicht hat dich
Fellini erfunden,
als er sich
nach einem dicken Weib
sehnte,
der Mamma,
in deren Schatten
man spielen kann.
Zypressen magst du nicht.
Aber, sagtest du,
in Rom läßt es sich altern
und fett werden, ja.
Damals, als die
Fotografen
dir noch an
den Ausschnitt faßten:
Bella! Bella!
und du dich unter
der Fontäne räkeltest
für deinen Regisseur,
ahntest du nichts
von diesem
sanften
weißen
fleischigen Schweigen
und
der reglosen Einsamkeit
auf dem Diwan.
Nur manchmal kommt
einer und besteigt
deine gewaltige Melancholie.

An Pasolini

Das,
was dunkel ist,
die Gewalttat,
die gurgelnde Sprachlosigkeit,
das,
wovon Fledermäuse
trinken,
du hast es angezogen,
Freund.
(Ich kenne nur
dein Gesicht
von Fotos,
und deine Bücher,
deine Filme.)
Nein,
ich hätte dich
nicht gewarnt,
ich hätte mich
gefürchtet vor dieser
schrecklichen, ausgehungerten
Zone, auf die du
zuliefst, Atem für Atem,
den Schrei in der Kehle,
schon seit Jahren,
der deinen Mörder ruft:
»Sei mir nicht
gnädig, Junge,
doch wirf mich
nicht fort aus
deinem Schrecken.«

An meine Feinde

Sie haben mir
die Haut abgezogen
und debattieren
über meine Wunden.

Ich versuche
mitzureden,
ihnen zu erklären,
daß ich friere
und meine
Seele
ihren Balg braucht.

Aber sie,
denen ich vieles
nachsah,
wissen es besser:
frierende Seelen
seien derzeit
üblich.

Inhalt